JN408943

풀꽃 만찬

풀꽃 만찬

윤명수 시집

도서출판 천우

● 시인의 말

시골에서 태어나 무지렁뱅이같이 철없던 시절을 보냈다. 봄이면 산야에 흐드러지게 핀 야생화 속에서 꿈을 키우고 여름이면 물웅덩이에서 물장구치고 겨울이면 집 앞 개천에서 얼음을 지치며 농사꾼의 아들로서 보고 들은 꾸밈없는 생얼굴인 자연의 모습과 초군들의 삶에 대한 진솔한 모습을 담고 싶었다. 그런데 세상살이에 아부하고 생활에 군 때가 끼어들다 보니 지난 일을 깡그리 잊어버리고 헌 냄비 트집 잡고 가질 잡는 심정으로 지나간 서정적 내면을 긁어모아 부족한 글을 내놓게 되었다. 부끄러울 뿐이다. 앞으로 수도승 같은 마음으로 더 열심히 노력해야겠다는 걸 다짐해 본다.

2007년 여름

윤명수

● 발문

연륜이 묻은 위로의 손으로 대중을 쓰다듬는 시선

황금찬(시인)

윤명수 시인이 인생의 고갯길, 정상을 앞두고 관조의 바위에 앉아서 읊은 첫 시집을 상재한다. 삶의 연륜이 묻은 투박한 손으로 뭇 인생들의 가슴속, 슬픔과 고통을 쓰다듬고 있어 나는 시인의 첫 시집 상재를 진심으로 축하하고 싶다. 왜냐하면 한 권의 시집을 묶어 내기까지 자아성찰의 흙을 바른 감성의 도요에서 시심의 불꽃을 조절하며 은은한 빛, 도자기를 구워내는 수고의 땀과 노력이 수반되었기 때문이다.

한 권의 시집 상재를 무엇에 비유할 수 있을까?

지금까지 풀 한 포기, 나무 한 그루 없던 민둥산 비탈진 언덕에 구상 나무 한 그루가 새로 솟아나는 것 같은 기쁜 일이라 할 수 있다. 아니면 잡초로 덮여 있던 뜰 앞에 장미 한 송이가 피어 향기를 내뿜는 기쁨이라고도 비유하겠다. 장미꽃의 사랑과 기쁨은 누구에게 물어야 할까? 아마도 라이너 마리아 릴케에게 물어야 하리라.

여기 이 노란 장미를
어제 그 소년이 내게 주었지
오늘 나는 그 장미를 들고

파릇한 소년의 무덤으로 간다
보라! 꽃잎에는 아직
맑은 물방울이 맺혀 있다
오늘 눈물인 이것
어제는 이슬이던 것…

—릴케의 「여기 이 노란 장미를」 전문

위에서 인용한 릴케의 작품을 읽어 보면 독자들은 시 속에 함축되어 있는 깊은 의미를 찾아서 고민하게 된다. 작품 속에 관류하고 있는 시인의 의식이나 성찰의 진리, 서정적 감동의 파장을 은밀하게 체험하면서 반복하여 읽다 보면 문학이 주는 기쁨과 행복에 젖게 된다. 이런 정서적 교감, 황홀한 체험 때문에 우리는 일상에서 문학을 외면하거나 그 울타리를 벗어나지 못하고 있는 것이다.

시인 릴케는 소년이 나에게 준 노란 장미를 받아들고 파릇한 소년의 무덤으로 간다고 말하고 있다. 파릇한 소년의 무덤이란 어디일까? 절망 속에서 살아가고 있는 현대인들의 삶, 그 자체를 묘사하고 있다. 그렇다면 노란 장미는 무엇인가? 삶의 활력과 기쁨, 힘이 되기 위해 척박한 땅에 핀 시인의 시라고 생각된다.

이 시는 '오늘 눈물인 이것, 어제는 이슬이던 것'에 촉촉하게 젖어 있지만 독특한 향기를 지니고 있다. 바로 이것이다. 시인의 작품에서는 독특한 향기가 진동해야 한다. 그렇다고 해서 문단에 상재되고 있는 모든 시인들의 시집이 향기

롭다는 말은 아니다. 그런데 삶의 연륜을 함축하고 있는 윤명수 시인의 원고들을 통독하면서 나는 릴케의 시에서 진동하고 있었던 그 비슷한 향기를 맡을 수 있었다.

향기는 기쁨의 상징이다. 지친 사람들에게 힘을 준다. 윤명수 시인은 언어를 능숙하게 다루는 연금사(鍊金師)이다. 함축적이고 암시적 언어로 시가 쓰였기에 달관한 솜씨로 금(시)을 다루고 있는 그 모습이 선명하게 다가오고 있어서 참으로 기쁘다.

나조 별이 깜박이는 이즈막할 무렵
쥐꼬리 품삯에 열 받아
지중지중 품삯 타박을 하다가
서장대 일개미 감독에게
주둥아리 오달지게 쥐어박히고

오늘 만찬은 허연 한숨이었다

—「조마구 병정개미」 중에서

이 작품은 총 5연 19행으로 이루어진 작품이다. 여기에 인용한 구절은 4연과 종연의 한 행이다. 이 시구를 여기에 인용한 까닭은 독자들의 이해와 고독의 정수를 밝히고자 하였기 때문이다. 이 시의 5연 중 특히 종연은 단 1행으로 구성되었다. 이것은 시의 강도가 그렇게 명했으리라고 믿고 있다.

윤명수 시인의 시에는 고독을 부르는 시가 많이 보이고 있다. 누군가 이르기를 현대는 고독의 시대라고 했다. 시인은 생각해 본다. 어쩌면 고독이란 말은 오히려 사치스럽게 느껴지기도 한다. 필자의 생각으로는 현대를 고독하다고 하는 사람은 오히려 행복한 사람인 것 같기도 하다. 참으로 고독한 꽃은 자기의 고독을 알지 못하는 사람일 것이다.

어느 날 시의 길을 찾던 한 젊은이가 시선을 찾아갔다.

그와의 대화에서,

"선생님, 제가 지금 찾는 시의 길은 어디에 있습니까?" 하고 물었다.

노인의 말인즉,

"그 길을 내가 알면 남에게 가르쳐주기 전에 내가 먼저 갔을 거야. 하지만 시의 길은 어디에도 없고 다만 묻고 있는 사람의 마음속에만 있는 것이다." 했다.

시의 길을 열며 일상을 다룬 작품들 속에서 그는 고독을 남루하게 단정 짓지 않는다. 그러면서 독자들에게 많은 위로를 던져 준다. 깊은 산 속, 고독하게 서 있는 한 그루 나무의 근처에는 곱게 물든 낙엽들이 수북이 깔려 있다. 바람이 불 때마다 나무는 낙엽을 떨어뜨리고 그 낙엽 한 장을 주워 들고 산을 찾은 사람들은 낭만과 사색에 잠긴다.

윤명수 시인은 한 그루 고독한 나무이다. 그가 떨어뜨린 낙엽들(시) 속에서 기쁨을 얻는 것은 독자들의 몫이다. 이제 독자들에게 그의 시집이 상재되었음을 알리며 붓을 놓는다.

제1부

별 꽃을 보다

제2부

은자들의 숲 속

제3부

왕거미 갤러리전

제4부

물수제비 돌

제5부

소혹성으로 가는 길

제1부

별 꽃을 보다

바람꽃

바람 등을 타고 왔다가
씨앗만 쏘아 대고
바람처럼 사라지던 아버지
울 엄마는 배가 남산만 하게 불러도
보리밭에 주저앉아
삐딱하게 시건방을 떠는 잡초 사이로
날카로운 호미 날이 펄펄 뛰었다

보리밭을 스무 해쯤 맸을까
호미 날은 반달처럼 낡아 곳간에 걸리고
그래도 자궁만은 튼튼하여
건진 건 아들 다섯 딸 넷
손바닥에는 옹이만 박히고
후유 후유 하며 허공만 쫓다가
결국은 바람 한 줌 손에 쥐었다
아 어머니

추석날 아침

오늘 아침에는 우리 어머님 얼굴이 보이지 않습니다 지난날 고만고만하던 갓난쟁이들 추석빔 한 벌을 해 입히려고 여름내 보리방아 찧고 길쌈하며 손톱이 갈라지고 새까맣게 멍 들어가며 밤을 새워 베틀에 매달려 베를 짜시던 어머님

봉창 가에 오롯이 졸고 있는 호롱불 가무끄름한 그을음이 꼬리를 흔들며 지새울 때 추석날 아침 새 빔 한 벌 얻어 입으려는 설렘으로 바느질하는 엄마 냄새를 맡으며 까만 눈동자가 반들반들 새벽닭이 울 때까지 기다렸습니다

희뿌연 여명의 아침 하얀 무명 바지저고리 까만 고무신 한 켤레 신고 영국 신사가 된 것처럼 파닥파닥 날갯짓하듯 이 골목 저 골목 새 옷 자랑에 정신 팔던 철부지 개구쟁이들 이제는 희끗희끗한 머릿결을 휘날리며 추석날 차례상 앞에 전설 같은 지난 이야기를 하며 어머님 생각을 하는 이 아침

장독만 깨고

내일은 쥐꼬리 잘라
학교에 제출해야 하는 날
선생님의 험상궂은 얼굴이
내 앞에 서 있다

마침 장독 뒤에서 솔솔거리는 놈
몽댕이 들고 살금살금
사나이 살아 있는 기개(氣槪)로
어깨 불뚝 세우고
정조준 하여 후려쳤다

우지끈 깨져 무너지는 소리
간장독은 파편 되어 비산(飛散)하고
나는 허걱
일 년 간장 농사 망친 죄인 되고

쥐 잡으려다 저주받아 장독만 깨고
그날은 밥도 굶고
집에도 못 들어갔다
씨~바 ㄹ 노 ㅁ의 쥐꼬리 때문에

허당에 심은 꽃

자식 하나 똑바로 키우겠다던
수절 과부 박 씨 부인
손발이 터지도록 따비밭에는 고추 심고
벌밭*에는 강냉이 심어

아들 학비 조달한다며
오일 장날 난장판에서
고추장수에게 저울 눈금 속아 손해 보고
되질장이*에게는 되되이 떼이고

하루 종일 굶어
눈에 헛거미* 잡히도록
모질맞게 살아왔는데

서울로 유학 보낸 아들
머리카락에다 색칠하고
구미호(尾九狐)같이 생긴 가시내를
며느릿감이라고 데리고 와서

구죽죽한
시어머니 몰골을 보고
자기 어머니 사람 맞아 귀신 같네
뒤둥그러진 소리로 가슴에 못질하니

피땀으로 얼룩진 얼굴에
궂은 눈물을 뚝뚝 떨구며
아들 앞에서 울고 섰다

한평생 허당에 심은 헛된 꽃 한 송이여

* 벌밭 : 제대로 가꾸지 못한 밭.
* 되질장이 : 시장에서 곡식 되는 일을 하는 사람.
* 헛거미 : 몹시 배가 고파 눈에 헛것이 보임.

콩사리* 콩은 튀고

소먹이 초동 시절 해 노을 녘
풋바심 청대콩*이 익어 가던 어느 날
죽여주는 구수한 콩사리 콩 맛
그 맛의 유혹에 못 이겨

어린 풋것들은 콩밭 주인 몰래
콩대궁이를 한 아름 꺾어다
잔솔가지 주워 불질하여
콩은 튀며 익어 가는데
소는 남의 집 콩밭으로 들어가고

매운 연기에 눈물 콧물 흘리며
콩을 구울 때 나타난 동네 어른들
콩 서리했다고 으름장을 놓고
소가 콩 농사 다 망친다고 야단을 친 후
염치도 없이 얼굴에 숯검댕이 칠해 가며
익은 콩은 다 까먹어 버리고

겁에 질린 우리들은
설익은 콩 몇 알갱이 찾아
타고 남은 재만 뒤적거리던
사기당한 햇병아리 청춘 시절
씁쓸했던 옛 생각

* 콩사리 : 해콩을 현장에서 불에 구워 먹는 것.
* 풋바심 청대콩 : 덜 익은 풋콩.

토담집 폐가

적막이
출출이 넘치고 있는
이름도 잊혀진 어느 깊은 산골
버려진 토담집 한 채
궂은일 당한 흉가일까

처음엔
자손대대로 물려주려고
지은 집인데
지금은 인적조차 없네

밤이건 낮이건
허허로운 바람에
헌 문짝만 너들너들 저 혼자 춤을 추고

부엌 부뚜막에는
큰솥 작은 솥 다 뽑아 가고
남은 건 깨어져 뒹구는 옹기 조각뿐

왕거미 들쥐들만 제집인 양 날마다
거미줄 치고 쥐구멍 파기에 바쁘고
잡초만 무성하다

무심하게 나는 산새들도
새 뜩 새 뜩 넘노는 다람쥐도
떠나간 사람을 모른다 하니
아마도
금(金) 둔 곳도 은(銀) 둔 곳도 없는 듯하다

별 꽃을 보다

열어도 열어도 문은 열리지 않는다
두들기면 두들길수록 힘만 빠지고
틈은 보이지도 않고 운세만 꼬였다
그래 처음부터 문이라는 것은 없었지
다만 보이지 않는 벽만 있었을 뿐
아무리 벽 무너져라 걷어차도
허물어지지 않는 벽
그 벽은 모르는 척 그대로 두고
허리를 꼿꼿이 세웠는데도
흔들릴 땐 흔들리도록 그냥 놔두고
결코 헐겁지 않는 인생을 짊어지고
정신없이 뛰다 이마가 벽에 부딪쳐
넉장거리*로 자빠져 성화빛* 별 꽃이
유성우처럼 쏟아지는 것을 보았다
눈도 캄캄하고 하늘도 땅도 빙빙 돌아
휘청거리던 발을 헛디뎌
물 도리 치는 하수구로 몸이 빨려들 때
아득히 번쩍이는 별 꽃을 또 보았다
그래도 손 놓을 수 없는 뜨거운 생을 위해
오래오래 걸어온 후에야
겨우 내 마음속에 숨어 있는
작은 문 하나를 발견하고

긴 시간의 문을 열어젖혔더니
드디어 드높고 시원한 창공이

* 넉장거리 : 네 활개를 치고 드러눕다.
* 성화빛 : 별똥별이 대기권 공기와 마찰 시 내는 불빛.

깊은 밤 그 뻐꾹새

야삼경 깊은 밤
담장 밑에 몰래 와서 우는 뻐꾹새
그 새는 미친 새였을까
한밤중에 찾아온 그 뻐꾹새는
그 집 안에 향기 짙은
꽃이 있었기 때문이었다

밤낮으로 향기를 흩뿌리는 그 꽃은
바람이 꽃대를 흔들어
그 향기에 허옇게 취한 뻐꾹새는
미친놈의 새로 미운털이 박혀도
하얀 기다림이 덕지덕지 더께가 끼어
꼬리가 길다 보면 잡히게 되나 보다

사랑하는 것이 무슨 큰 죄가 된다고
지게 작대기로 하늘이 빙빙 돌도록
오달지게 난장을 당했는데도
그 애먼 뻐꾹새는 밤이 되면
또 담장 밑에서 뻐꾹뻐꾹 울었다

제2부

은자들의 숲 속

차가지* 속의 아픈 가시

울타리를 껴안고 있던 삭막한 줄장미
오월이 왔다는 것을 알고
꽉 조인 청바지 챙겨 입고
빨갛게 노랗게 예쁜 화장을 하고
살랑살랑 꽃 모가지를 흔들며
차가지를 떨더니
화사하게 웃으며 속옷까지 홀랑 벗어
이미 그 속살을 보았는데도
이번에는 배꼽까지 보여주며
누구든 잡아 보라고 살며시 손을 내밀어
현혹된 눈길이 뒤집어져
격정적 충동으로 두 손을 덥석 잡았더니
갑자기 변심하여
독가시로 사정없이 찔러 버린다
자지러지게 놀란 가슴
사랑하다 다친 손 몰래 감추고
바지춤을 붙잡고 줄행랑을 친다
젠장
손잡아 보라고 할 때는 언제고

* 애교, 아양.

무지개 영신(靈神)

지루한 장마가 물러나고
붉게 타는 해님이 노을 앞에
칠보단장 곱게 하고 보석처럼 떠 있는
일곱 색깔 무지개
머리는 서산 골에 두고
발은 건넛마을에 걸쳐 놓고
허리가 휘도록 꼬부려
강물에서 물방울을 건져
방울방울 꿰매 진주 무지개 만들어
하늘가에 걸어 놓고
거울 앞에 서서
빠진 눈썹 반달같이 예쁘게 달고
화려하게 외출 나온
영신(靈神) 같은 무지개 여인
이 산 저 산 중턱에 걸터앉은
아름다운 그도 해가 지면 사라지고
하늘가엔 빈 터만 남아 있네

모랫벌에 쓴 엽서

한 조각 구름 같은 우리 사랑
지금까지 만나본 적은 없지만
서로 그리워한 지는 참 오래되었지
짙푸른 물방울이
뚝뚝 떨어질 것만 같은
파란 하늘 아래
겹겹이 쌓인 사연 실어
바닷가 모랫벌 위에
하얀 엽서 한 장 써서
빨간 우체통에 넣었더니
파도가 밀려와서 가지고 떠났어요
기다리는 답장은 소식이 없고
해질 녘에 출렁이는 파도 위로
빈 배 한 척이 돌아왔다
구름 같은 사랑은 비가 되려고 까딱도 않고
비는 숲 속에 내려
푸른 잎 메아리가 되었다 하네

연둣빛 꽃 몸살

꽃들은 자궁을 벗어나서
굽이굽이 언덕을 돌아
숲 속을 쏙 빠져나온 작은 요정같이
사뿐사뿐 하느작하느작
하르르 웃을 듯 말듯

열여덟의 설레는 새봄
꽃바람 부는 세상을 향해
자유로운 새가 되고 싶다며
자무락질* 몸부림을 친다

훤히 뚫린 길 한복판에 서서도
숨이 막힌단다
어디서 그렇게
주체할 수 없는 힘이 생겼을까

서리 설설 춘설을 녹이고
가시 장미의 미소로
백마 탄 왕자도 죽이고
소황제도 애동*도 죽이고
악마와도 춤을 추겠단다

마음속에 피운 꽃 한 송이에
꽃등을 켜고
꽃잎이 파르르 떨고 있다

* 자무락질 : 무자맥질의 방언.
* 애동 : 미소년.

철없는 나비

꽃대궁이조차 사그라진
묵정 꽃밭에 나비 한 마리
분주스레 날갯짓을 한다

오사리 늦사리 다 끝난 물에
빨대를 앞세우고
눈알을 호동그랗게 뜨고
여기저기 옆구리를 찔러 보지만

사랑이 떠나간 꽃들은
이미 만삭이 된 채
등을 꾸부리고 이랑에다
꽃씨를 뿌리며 꿈쩍도 않는다

어디서 게으름을 피우다가
이제야 나타났나
심한 눈총만 받고

지난날 따뜻하던 눈동자
그 입술은 사늘해지고
오늘은 어디서 노숙을 하나
철모르는 나비는
소소리 부는 가을바람이 서럽다

밤 꽃들

계절도 없이 피는 도시의 밤 꽃들
가로등이 꽃등을 매달고
휘황하게 네온사인이 춤을 추면
꽃송이들은 갈깃머리 휘날리며
불나비를 찾아 거리를 헤매는가

한껏 겉멋을 부린 밤 꽃들
한낮의 햇빛이 무서웠나
반짝이는 이슬처럼
알몸으로 밤의 꽃밭을 적신다

깊은 밤 속으로만 숨어드는 햇나리들
사랑은 때와 장소가 따로 없다나
휘청거리는 몸짓으로
지하철 속의 위험한 애무

덧없이 흐르는 세월 한 자락 끌어안고
밤은 깊어 가고
말씨는 어눌하고 시야는 흐려져
마치 이별 연습을 하는 것 같아
참 아슬아슬하다

담쟁이의 짝사랑

먹장구름 떼 물러가고
햇빛이 장마 진 뜰을 비추니
담쟁이넝쿨이 곰삭은 벽에 매달려
서풍에 등을 말리고
주인댁 창문을 가만히 들여다보네

살며시 이름을 불러 보지만
그러나 지금 그 방에는
분꽃 향만 가득하고
아무도 없나 보네요

집 한 채를 통째로 감싸 안고
주야로 감시하고
창문을 넘고 왔는데
몰래한 사랑이란
참 허탈하지요

처마 밑 강아지풀이
살랑살랑 머리를 흔들며
너무 서운해 하지도 말고
아주 낙심해 버리지도 말라고 하네

무인도

밤낮으로 들려오는 소리는
파도 소리일까 바람 소리일까
환청처럼 들려온다

망망대해 뜬 섬에 갇혀 버린 나
처음부터 길을 잃은 철새였다

눈을 씻고 찾아보아도
친구라고는 아무도 없었다
새야 새야 파도야 파도야
도요새도 파도도 대답이 없다

내 스스로 그물망 치고
눈에는 백태가 씌어
항상 먼 곳만 바라보고
구름 속에 있는 높은 산만 쳐다보며
뜬구름만 잡겠다던 나는

그 빽빽한 세월 동안
언제나 마음속에는
아무도 살지 않는 고독한 섬 하나

왜가리

논바닥에 모심던 전설을 찾아
하얀 왜가리가 외다리를 짚고
낯선 들판에 서서
산 너머 먼 데를 바라본다
그 몹쓸 양도깨비 같은 것이 말이여
논바닥에 우렁이 각시까지 내쫓았을 거야
아마도 내 짐작이 맞을 거야
몇천 년 전부터인가
수없이 쓰러졌다가는 또 일어서곤 했지
벌거벗은 농사꾼들의
허연 아랫도리가 시리다
농사짓는 일이 무슨 대수냐
그까짓 것 땅 파고 빌딩 지으면 되지
고향 찾은 왜가리
농사꾼 떠난 들판에서 섧다고
곡쟁이처럼 운다

숲 속의 재난

도벌꾼이 함부로 찍은 나무 한 그루
길게 쓰러지던 날
숲 속 세상이 참 시끄러웠지
옆집 가문비나무 가시나무 줄줄이
날벼락 맞고
모가지 부러지고 팔다리 부러졌고
새 둥지가 땅바닥으로 곤두 박혀
새알이 터져 박살 나
하늘에선 새들이 입 거칠게 항의를 하고
땅강아지는
혼비백산하여 땅바닥에 납작 엎드리며
군에서 받은 독수리 훈련에 잘 단련되었고
민방위 훈련도 착실히 받은 덕이라 한다
나무 틈새에서 꿈지럭거리던 벌레들도
크게 소리 한번 지르지 못한 채
오늘 밤은 광화문에서
반딧불이와 함께 촛불 시위라도 해야지

부레옥잠화

일생 동안 찌든 그 가난 한번 벗지 못하고
사철주야 하얀 맨발로
물 위를 떠돌며 살아가고 있지만
추레한 생이라고는 생각지 않는군

대지에다 뿌리박은 깊은 나무도
자본의 꽃 장미도 상상하지 않고
주어진 환경대로 살며
물속을 휘젓는 미꾸라지 때문에
뿌연 흙탕물을 뒤집어쓰고도 불평 한마디 없네

저것 봐라
지금 포식자 물뱀에게 쫓기고 있는
청개구리를 몰래 숨겨주고 있군
고추잠자리에겐 쉬어 가도록 긴 의자를 내주고
그저 스쳐 가는 인연으로 만족하네

비바람에 저렇게 몹시 흔들리면서도
바람 탓은 전혀 하지 않고
누가 부초 같은 신세라 비하할 때도
쉬지 않고 깨끗한 맑은 물만 생산하는군

칠팔월 꽃을 피울 때는
입이 째지게 웃음 튀밥이 터져 나오는군
누가 너를 보고 서러운 생이라 하겠나

울새 한 마리

어린 새 한 마리가
어찌하다 제 둥지를 잃어버리고
울 밖으로 퉁겨져 나와
세상 앞에서 애처롭게 울고 있다
그토록 한세상 폼 나게 살고 싶어
햇솜같이 태어난 여린 생명
어미에게 버림받고 황야에서
불불 떨고 있는 울새가 되었을까
아직도 뜨거운 가슴이 요동치는데
날숨 들숨 점차 조여들어
기진맥진한 한 생명의 생사가
어두운 운명의 그림자로 전락하여
포식자 앞에 내던져져 있는데
울고 있는 어린 목숨 하나
제 둥지를 찾아 돌려보낼 수 없는 사람
나는 무슨 생각을 하고 있는 누구일까
내 마음 뜨물같이 흐려져 내리고
울림새 소리만 처량하게 들리네

허물의 껍질을 벗고

소금쟁이가 물 바닥을 쓸고 간 뒤
강물 위에는 봄빛이 반짝이고
파란 물빛 융단을 밟으며
피라미 한 쌍이 부부가 되는 날

굳이 초청을 하지 않았는데도
버들강아지 배시시 눈을 트고
들풀들이 떼거리고 풀피리 불며
늙은 수양버들은 곤댓춤을 춘다

물 바닥에 엎드려
골똘함을 매달고 온종일
물의 깊이만 재고 있는
잠자리 애벌레 같은 정체는

언제쯤 가벼운 날갯짓을 할까
아마도 크게 한번 천둥 번개가 치고
물결이 뒤집어져야
허물의 껍질이 벗겨질 그대

은자들의 숲 속

금낭화 고개 숙이고
딸랑딸랑
저녁 종을 울리면

꽃 초롱이 초름하게
꽃 등잔 켜고
청풍명월 이불 속에
청산은 잠이 들고

도량석 소리에
잠이 깬 풀벌레들에게
솔바람이
잔등을 뚜드리면

숲 속의 식구들 끼리끼리 모여
알뜰살뜰히 살아가는
삶을 이야기한다

인간사 고행 길 밟으며
지쳐 있는 푸새 같은 민초들에게도
잠시나마 쉬었다 가라고

숲 속은 언제나
넉넉한 그늘을 드리우고
포근한 집이 되었네
어머님 품속같이

어떤 공양

시원한 냉방 바람이 빵빵하게 터지는
미루나무 숲 높은 가지 위에는
한량들의 그룹인 소리쟁이들이
나무속에 있는 단 즙을 빨아가면서
떠들썩하게 합창을 하며 약을 올리고
이글거리는 태양 아래서는
위 아랫물* 사이인 개미들이
일당을 벌어 작은 배를 채우려고
비지땀을 흘리며 일터로 간다

마천루같이 높은 나뭇가지 그늘에서
손발 하나 까딱하지 않고
하루 종일 노래만 부르다가
운명의 여름은 다 지나가고
가을 잎이 물드는 마지막 자락에서
땅바닥으로 추락하더니
그도 어쩔 수 없이 꼬들꼬들 말라
토굴 속에 사는
개미들의 허기를 채워 준다

* 계급이나 신분, 빈부의 차이로 서로 어울리지 않는 것.

제3부

왕거미 갤러리전

택배

그들은 모두가 선택받을 받았다고 생각했다
각자 가슴에 명찰을 붙이고
설레는 마음으로
어젯밤 물류터미널 창고에 모여
새우잠을 잤다
아침에 일어나 서로 반갑게 인사하고
명함을 주고받은 후부터
그들 사이엔
심한 갈등이 시작되고
운명이 달라지게 되었다는 걸 알았다
오달지게 생긴 놈들은
황금색 명찰을 달고 강남 압구정 청담동
부잣집으로 간다고 우쭐대고
헐쑥 헐쭉하게 생긴 놈들은
껏 보릿자루 취급을 받고
우르르 택배 차를 탔다
자동차가 덜컹거리며 몹시 흔들리더니
기사가 어깨에 들쳐 메고 타달타달
달이 먼저 뜬다는 난곡동 산등성에 오른 뒤
택배요
팽개치듯 던져진 그들은 정부미 포대

바위의 죽음

나는 태산의 바위 덩어리다
내가 사라질 줄은 꿈에도 몰랐다
뚝뚝 빗방울이 꼭두머리로 떨어질 때
부드럽고 말랑말랑하여 한순간 참 시원했다
억겁의 세월 동안 그것도 같은 방식으로
지긋지긋하게 떨어지니
처음엔 낭만인가 했는데
여기저기 곰보딱지 만들어 놓고
이제는 몸체에 구멍까지 내며
사대삭신*에다 상처를 입히니
아픔이 되어 쇠랑쇠랑 말라 간다
세상에 죽지 않는 것은 아무것도 없듯이
아무리 바위 덩어리라도 견딜 수가 없어
이리저리 휘청거리다가 피멍이 들어 무너져
자갈이 되고 한 줌의 모래 되어
물속에서 물빛처럼 반짝이다가 홍수 지면
바다로 섭슬려 간다

* 온몸의 힘, 살, 뼈대. 사대육신을 속되게 이르는 말.

장끼전

장끼를 잡으려고 사냥꾼은 수풀을 헤치며
살금살금 푸접 없이* 잘도 긴다
엽사는 군에서 게으름 피우지 않고
각개전투 훈련 잘 받은 덕분에
낮은 자세 앞으로 앞으로 전진

장끼란 놈은
머리에 점잖게 벼슬 관을 쓰고
화려한 관복까지 입었지만
수탈만은 모르는 청빈이라
봉창*해둔 재물도 없어

풋바심 날 때까지
눈을 도리반 도리반거리며
나뭇가지에 매달린 마른 열매 하나에
목줄 밥줄 매달고
긴 겨울 강심살이*로 서러운데

매팔자*들이 보신용으로
마구잡이 총질하여 벌집처럼 쑤셔질
너의 운명이 아프다

* 푸접 없이 : 인정 없이 쌀쌀하게.
* 봉창 : 물건을 몰래 모아서 감추어 두다.
* 강심살이 : 고생살이의 북한어.
* 매팔자 : 놀고먹는 사람.

조마구* 병정개미

봄빛 문이 활짝 열리니
조마구 병정개미들이 떼거리로
토목공사를 시작한다

토사를 밀어내고 건축자재를 옮기고
평생 살 자기 집이라도 짓는 건지
가뜩이나 잘룩한 허리가
척추 디스크에 걸린 것처럼
땅바닥에 기어 다닌다

작열하는 뙤약볕 자외선으로
숯덩이처럼 새까맣게 탄 대가리
요리조리 곤조곤이* 우직스럽게
일만 하다가 새참으로
토스트 한 조각이 꿀물이다

나조 별이 깜박이는 이즈막*할 무렵
쥐꼬리 품삯에 열 받아
지중지중* 품삯 타박을 하다가
서장대 일개미 감독에게
주둥아리 오달지게 쥐어박히고

오늘 만찬은 허연 한숨이었다

* 조마구 : 키 작은 난쟁이.
* 곤조곤이 : 조용하게.
* 이즈막 : 이슥한 시간.
* 지중지중 : 천천히 걸으면서 생각에 잠겨.

풍찬노숙(風餐露宿)

발부리는 잡초 사이로 밀어 넣고
줄기와 잎은 서릿대가 되어
시라리 타래*처럼 늘어져
개천 바닥 적경*에 깨박쳐졌다

그 이름도 생소한 아이엠에프
그 육중한 힘으로
그를 벼랑 끝까지 밀어붙여
하늘 이불 덮고 생밤을 지새우고

화톳불 피워 언 살 녹이며
팔모 개다리 알상에다
번데기 안주에 소주 한잔
대벌머리*가 저려 와도

군에서 등걸잠*을 자는 데 이골 나게
잘 길들어진 덕분에
바람과 함께 자는 밤도
그는 낯설지 않다며

오늘 밤 그의 화두는

하늘을 쳐다보며 참 환장하겠네 한다

* 시라리 타래 : 시래기를 길게 엮은 타래.
* 적경 : 인적이 드문 곳.
* 대벌머리 : 맨머리.
* 등걸잠 : 옷을 입은 채 자는 잠.

산돌

심산유곡에 버려진 수많은 산돌
하늘에 뜨면 별이 되고
계곡에 처박히면 돌멩이지
그 많은 돌들 다 어디서 왔나
우주 천지는 말이 없고
다만 쓸모가 있기에 그 자리에 있다
눈비를 맞으면서
그 자리를 버팅기고 있는 것은
억수비에 흙더미 무너지면
산사태로 뭇 생명이 다칠세라
온몸으로 앙버티며
만물의 재앙을 막아 주려는 듯
살잡이* 회방아질*을 한다
산속에 버려진 산돌들
억겁의 세월 동안 너의 힘을
아무도 알아주지 않는 찬란한 빛이여
이제는 돌이 앓아눕는다

* 살잡이 : 쓰러져 가는 건물을 받쳐 주는 받침대.
* 회방아질 : 석회나 흙으로 다지는 것.

왕거미 갤러리전

하얀 명주실 곱게 풀어
몽그작몽그작
비단 베를 짜는 줄 알았는데

피카소 그림을 그려
덤불나무 가지 위
하늘 정원에 걸어 놓고

숲 속
관중들을 불러 모으려고
광대놀음을 한다

날매 같은 관중들
세미한 눈망울을 가지고도
치명적 매혹에 유혹당해

눈 깜짝할 새
바다 속에 빠져 허우적
그물에 휘휘 친친 감겨

오늘 저녁
톡톡 튀는 달콤한 요리로
태뢰*를 즐기는 왕거미

* 임금이 공신들한테 내리는 특별한 음식.

다시 잎새가 되어

햇빛이 나뭇잎 사이에서 반짝이던
찐한 여름은 어딜 가고
낙엽이 우수수 굴러다니는
언덕배기 숲 속에서
시몬이 낙엽 밟는 소리가 들린다

샛노란 가을 물에 젖어
촉촉하던 단풍잎은
누가 자갈을 물렸는지
끝끝내 말 한마디 하지 않고

휘어져 늘어진 손으로
허공에다 손만 휘젓고
무슨 말을 하려고 하는지
알 수 없는 무언의 말만 남기고

계절이 흘러간 빈자리에
낙엽 되어 밟혀도
아무런 걱정도 없다는 듯
진달래 꽃비 쏟아지는 날
다시 살러 오리라 하네

제4부

물수제비 돌

물수제비 돌

물 위를 미끄러지듯 날렵하게 뛰는 놈
처음에는 나도 저렇게 뛸 수 있다고 생각했다
그까짓 게 뭐 별거다냐
물에 빠지기 전에 발을 낼름 옮기면
물수제비처럼 방그르 뛰어 강을 건널 것이다
그러나 나는 게으른 탓으로
물 위를 뛰어 건널 생각은 잊어버리고
강가에 앉아 돌멩이만 한 뼘이라도 더 보내려고
돌 던지는 일에만 열중했다
어느 날 가만히 보니까
그놈은 물을 건너다 길을 잃고 사라지고
나는 쉬엄쉬엄 걸어서 강 건너 둑에 서 있었다
무사히 강을 건너온 현실 앞에 스스로 놀라
물속에 빠진 수많은 돌들을 생각하면
그동안 내가 던진 돌들은 무덤이 되었고
하마터면 생목숨 놓칠 뻔했다
게으른 것도 덕이 될 때가 있었다

만행

뒷산에 아주 오래된 무덤 하나가 지나간 시절이 그리워서인지 문득 단테의 애인 베아뜨리체*처럼 나타나 오백 년 전 박제된 한양 땅으로 여행을 떠나자고 한다

뻐꾹새 꾀꼬리 고이고이 우는 숲 속 도붓길 따라 괴나리봇짐에 미투리*를 매달고 손바닥에 침을 퉤퉤 뱉어 길점을 쳐 소걸음으로 느릿느릿 걸어가는 한양 길 천 리

가다가 지치면 고독과 함께 어느 마을에 들어 객주집 봉놋방*에서 등걸잠으로 지새기도 하며 보고 듣는 진리를 깨닫기 위해 고행을 한다

재 넘고 물 건너 이 마을 저 마을 돌각담을 돌며 울타리 너머로 여염집 예쁜 각시도 수절하는 과부 얼굴을 눈으로 훔쳐보며 과거 보러 한양으로 가는 이 도령인 양 슬쩍 흘리기도 하였다

달포를 걸어서 매연으로 가득 찬 한양 땅 남태령 고개를 넘으니 말죽거리 여기서부터는 한양 땅 어쩔 수 없이 소리개차*를 타고 도성으로 들어간 하얀 밤의 꿈

* 베아뜨리체 : 단테의 소설 『신곡』 중 단테의 애인.
* 미투리 : 삼, 짚, 노 따위로 삼은 신.
* 봉놋방 : 주막집에서 여러 길손과 함께 잠을 자는 방.
* 소리개차 : 기계차, 케이블카 등.

부나비의 하얀 꿈

어슴푸레한 어둠이 내리고
거리마다 창문마다 불이 켜지고
나지막한 속삭임이 시작되면
그들은 불빛을 찾아 헤맨다

가벼운 날개옷으로
생동생동 나풀나풀거리며
이 밤의 시그널이 흐르는 곳으로
웃음의 길로 시름의 길로
스스로 제 운명을 거스르려는 듯
악세게 몸을 던진다

마천루 화려한 빌딩 오지의 숲 속에
꽃잎처럼 떠돌며
연극 같은 한밤의 공연을 마치고
텅 빈 거리에 불이 꺼지면
찬 술에 취한 흐릿한 몸짓으로
하루의 끝자락을 붙잡고 간다

허물어지는 하얀 꿈을 안은 채

무영탑

탑 그림자
연지에 길게 비치는 날
견우직녀처럼 만나자고 하더니
임은 지척에 있지만
연지에는 기다리던 탑 그림자가 없네

백설같이 묘색이 해사한 신중*은
삼단 같던 긴 머리 파리하게 깎고
박사포(薄紗布) 고깔 속에 숨어
소맷자락 펄럭이며 승무를 춘다

속세의 모든 인연의 끈을 다 놓아 버리고
수리수리 마하수리 수수리 사바하
탑돌이를 하며 속세를 지우고 또 지워도
백팔번뇌 속에 임이여

저녁 해는 서산 재를 넘어가고
법당에 켜진 촛불 앞에
두 볼 위로 흘러내리는 눈물이
물그림자처럼 어리어

새벽안개 내리는 아침이 오는데도
흐느끼듯 염불하는 독경 소리
누구를 축원하고 있나

* 여승.

대지의 아들

수련이 수런거리는 아침
다섯 장의 꽃잎 같은
손을 꼬물거리며
어머니의 대지에서 태어나

들풀처럼 여리게
박꽃처럼 하얗게 자라
준마처럼 달리다가
이젠 종탑처럼 우뚝 섰구나

바람이 불어 흔들리고
소낙비에 젖어도
파란 하늘빛 새기며
개풀처럼 풀어져 눕지 않았지

대쪽처럼
쪼개진 조국 강도
내 조국의 운명 앞에서
역사의 뒤안길로 숨지 않으려고

밤이슬 차가운 숲 속에서
칼잠을 자며 싸우다
대지로 돌아간 대지의 아들아

자유인

빨간 돌 단풍잎 하나
쪽빛 물배를 타고 나루질하며
어디로 떠나는지 그도 모른다 한다
속세의 각다귀판을 떠나
풀벌레 귀뚜라미 떼거리로
가득 시끄러운 풀섶을 지나
강바람에 실려 오는 풀 향기가
눈도 즐겁고 코도 호강스럽다
앞질 뒷질 흔들리며
백수도 이태백도 없는
남해 먼 바다 어디쯤 별천지로
햇살 한 줌에 만족하는 디오니소스처럼
조금도 아주 조금도 가진 것 없는
초라한 여행이지만
자유가 꽃물처럼 아름답다

가야산 기슭에서

하늘 아래 비경 가야산
산은 산인데 산은 없고
나무와 수풀 홍유동 계곡만 있다
장엄하게 쏟아지는 폭포 소리는
장타령꾼 장단이 되어 울리고

해인 종찰의 도량석 소리는
천년 잠에 빠져 있던
최치원 선사의 영혼을 깨워
가야산의 모습으로 다가선다

성자가 되고 싶은 욕망으로
산사를 찾는 수많은 중생들
정수리를 짓밟고 오르는 산꾼들
언제쯤 가야산을 알게 될까

성철 종정 큰스님 법어가
윤회의 봄꽃처럼 피어나
나비 한 마리가 꽃술에 취해
가장 성스럽게 기도를 하고 있다

세월의 흐름을 뚫고 우뚝 선
상왕봉 천년바위 너머로
해도 지고 달빛도 기울어지니
가야산 껍데기를 벗기느라
접동새가 목이 쉬어 울고 있다

하류 주점

하늘도 깊은 잠에 빠져 있는
어둑어둑한 새벽길
매서운 찬 바람 헤집고
천 원짜리 김밥 한 줄
삼백 원짜리 자동 커피 한 잔 들고
막노동꾼 납신다

각다귀판 같은 공사장
쉬파리 떼같이 왱왱거리는 중장비 소리
삶에 주린 궁댕이 들썩거리며
간밤에도 냉골에서 잤다는 조선족 동포 김 씨
칼바람에 치를 떠는 파키스탄 출신 핫산 씨

모닥불에 언 살 녹이다가
현장 소장에게 욕 한모태 얻어먹고
주눅이 들어 꿈지럭거린다

오금팽이가 아프도록 하루 일을 끝내고
그래도 저희들끼리는 반가워
살가죽 떨리는 고달픈 겨울 이야기로
동네 벌가게*에 죽을 치고 앉아
다모토리* 한 대포 질파닥하게 마시니
눈앞에 사이키 조명이 빙빙

* 벌가게 : 동네 작은 구멍가게.
* 다모토리 : 소주 큰 잔.

찬비 내리는 밤

깊어 가는 겨울밤에 내리는 비는
차디찬 몸이 되어 칠흑 같은 어둠을 뚫고
징징 울면서 내린다
후드득후드득 창문을 후려치며
문 좀 열라고 오금을 박기도 하고
살차게 몰아치는 비바람은
홀로 지새우는 이 밤에
눈물방울 뚝뚝 떨구며
내 가슴 조각조각 적신다
별을 헤는 낭만적 자유인에게
진시왕릉 병마군단 같은
산매들이* 몰려오는 소리 같아 놀란다
무슨 이유로 그렇게 심술이 부글부글 끓듯
단단한 발톱을 세우고
풀밭 같은 방 안을 들여다보고는
그래도 눈치 하나는 열쌔어*
염치가 없다는 듯 뒷걸음치며
꽃피는 봄에 진한 향을 가지고 오겠다 한다

* 산매들이 : 죽은 사람이 살아난다는 뜻.
* 열쌔어 : 눈치가 빠르다.

자본의 회식

자본의 숲 속에서
개미들이 모여 회식을 벌인다
만찬은 굼벵이 요리로 결정하고
초청받아 온 손 큰 두더지가
날카로운 손발로 땅속 여기저기를 헤집어
살찐 굼벵이들을 찾아내어
객장에 널브러지게 나뒹굴게 해 놓고는
무슨 꿍꿍이속이 있는지
날렵하게 뒷걸음질 쳐 사라져 버리자
이게 웬 떡이냐며
개미 군단이 새까맣게 몰려들어
맛있는 냄새를 맡고 코를 실룩거리더니
잘게 잘게 쪼게 운반하려는데
워낙 힘이 모자라 끄떡도 하지 않는다
쓸데없이 가진 에너지만 다 소진하고
허리가 꾸부러진 개미들
어깨가 축 늘어진 채 툭툭 넘어지며
절망의 벽을 넘고 있다

비에 젖은 자본의 회식 날에

유모차

보라매 병원 노인 병동 앞
이른 새벽 유모차를 밀고 가는
등이 꼬부라진 할머니
놀랍게도 그 유모차 요람 속에는
그 할머니가 타고 자기가 밀고 간다

자동차가 질주하는 도시 속을 지나
물마루가 넘실거리는 강도 건너고
풍세 바람 부는 대숲을 지나서
어느 시골 마을에 도착했다

붉은 명정 깃발이 바람결에 펄럭이고
상여 돛대 그림자가 물속에 꿈틀거리며
왔다 왔다 내가 왔다
어릴 적 버리고 간 고향 찾아
내가 왔노라며
놋쇠 요령을 흔들며 회심곡이 흐르고

한평생 허기지게 헤매며
먼 기억 속에 싹을 틔우고 가지를 뻗어
꽃피우고 맺은 열매를 다 비우고
드디어 어린 애기가 되어
유모차를 타고 온 귀향길

산마루 저 높은 곳으로 올라서서
멧비둘기 서럽게 울던 날
삼베옷 한 벌 얻어 입고
생의 발자국을 묻고 환생의 길로 오른다

마의(麻衣) 장삼

흥청망청 내 인생의 명품 시절이
빚두루마기에서 벗어나지 못해
추억 저편으로 떠나던 날
살던 둥지마저
법원 집행문을 흔들며 들이닥친
집달관에게 내주고
아무것도 가진 것이 없으니 버릴 것도 없어
피 터지게 살아온 생의 무늬를 지우려고
빈 바람 빠져나가는 대숲으로 가서
잘생긴 대나무 몇 개 골라 꺾어
하나는 지팡이 만들어 짚고
하나는 젓대 만들어 불며
산머루 다래가 좋다며 쫓아다니다가
드디어 나는 없어지고
대신 몽구리* 아들같이 생긴 놈이
대웅보전 앞에서 합장하며 머리를 조아리고
이제 속세를 떠났노라며
정신 차려 용맹 정진만 하겠노라며
초연히 선방 깊숙이 앉아 있자니
정신이 혼미해진 어깨 위로
번개 치듯 내려치는
장군죽비를 얻어맞고 나니

눈물에 젖은 발우 공양이 하얀 연꽃 같네

* 머리를 바싹 깎은 사람.

무너진 꽃 한 송이

하얗게 떨고 있던 네 손잡아
어린 새 가슴처럼
할딱거리던 너를 담숙 안아

여름은 북쪽 알래스카
겨울에는 남쪽 바다 카리브 해로
꽃피는 봄 언덕
낙엽 지는 거리를 거닐며

내 안에 머무는 너의 그림자가
너무나 깊이 박혀
너 없는 세상은 상상할 수가 없도록
그토록 뜨겁게 사랑했는데

어리석은 눈에 들보가 씌워지더니
헛것이 보이기 시작했고
흐드러지게 핀 꽃을 매몰차게 꺾어
꽃바람에 흩날려 뿌려 버리고

다시 봉오리 꽃을 찾아 헤매다가
지울 수 없는 상처만 안고
그리고 닥쳐온 현실 앞에
허우적거리는 몸짓이 되었다

쓰러져도 다시 일어서는
민들레 홀씨 같은
그런 사랑은 없나요

동백꽃 꽃 모가지가 우수수
땅바닥으로 쏟아지는 나의 오후

오체투지

천한 몸으로 태어나
한평생 햇빛 구경 한 번 하지 못하고
대가리 한 번 꼿꼿이 쳐들어 보지 못한 채
진흙 바닥에 제 몸을 끌고 다닌다

문득 어느 날 무슨 마음이 도통했는지
고단한 늙은 몸을 이끌고
굽이굽이 내천(川) 자를 그리며
지나간 자리는 긴 발자국 남기고
오직 오체투지 배밀이로 만행을 한다

세상이 끝나는 마지막 자리까지
느릿느릿 이리 꾸불텅 저리 꾸불텅
무엇을 위해 가고 있는지 아무도 모른다
그러나 그는 떠나야 된다고 한다

머리도 빡빡 깎고 벗고 또 벗어 버리고
지금까지 낮게 낮게 살아온
보잘것없는 일생마저 다 던지고
마음속으로 거룩한 합장을 하며
햇빛 쨍쨍한 거리로 나간다

드디어 꼬들꼬들한 밥이 되어
먹이가 되려고 한다
자기보다 더 배고픈 자를 위해

길라잡이

내 녹봉은 은행 전산망을 흔들며
아내의 손아귀에 들어갔고
빈주먹 쥐고 찬바람머리에서
외로움에 지친 쓸쓸한 거리
퇴근길 신용카드가 움직인다

빛바랜 바바리코트 깃 세우고
도시의 미로로 미로로
마법의 유리벽을 홱홱 돌아
현란한 네온사인 앞에서
아내의 네비게이션이 작동한다

약 오백 미터 전방에 단란주점
안전 운전하십시오
약 이백 미터 지점 좌회전하면 노래방
직진하십시오

목적지 주변 현관문이 열리고
운명처럼 마주친 사람
마치 캘리포니아 건포도 알같이
생긴 두 알이 출렁출렁
하얀 허벅지 그리운 곳

제5부

소혹성으로 가는 길

하얀 여름밤

철부지 시절의 고향
하늘 재 굽이굽이 돌아
찾아온 산골 마을
은하수가 보석같이 뿌려져 있고
통 방울 같은 별 무리들이
송알송알거립니다
온갖 삼라만상이
꿈틀거리며 들썩들썩
자연의 화음이
이 여름밤을 창조하고
밤이슬이 소맷부리를 적시고
맹꽁이 개구리 떼 풀벌레가
소란스럽게도 울어
이곳인지 저곳인지
알 수도 없는 곳에서
웅성웅성 두런두런 음산스런 환청이
자연의 용트림으로
알쏭달쏭 흔드는 밤

회상(回想)

실없이 추적추적
창가에 비가 내리네요
처음 오는 비도 아닌데
오늘 밤은 두근두근 가슴이 떨립니다

빗방울은 온몸을 들썩이고
초록 풀잎을 흔들며
잠든 내 영혼을 흔들어
부서져 뿌리로 스며듭니다

언제나 머리 위로 내리던 비
오늘은 온 가슴속을 휘갑칠 하여
슬픈 테스*의 사랑을 생각하고
베르테르*의 편지를 읽으며

누군가를 숨 막히도록 사랑하면서
뜨거운 가슴을 불태우던
젊은 날의 삼삼한 추억을 잡으려고
폭우가 쏟아지는 빗속을 걷고 있다

* 테스 : 토마스 하디의 소설 『테스』의 여주인공.
* 베르테르 : 괴테의 소설 『젊은 베르테르의 슬픔』의 주인공.

가락골의 정사

가락골로 가는 길섶에는
풀나라 백성들이 참 평화롭게 살고 있는데
오늘 아침에는 갑자기 사위가 시끄럽고 분주하다
왜 그럴까
음충맞은 검은줄흰나비라는 놈이
멀쩡한 꽃다지 제 처를 놔두고
개망초와 정사를 벌이다가
질투로 단단히 손톱을 세우던 꽃다지가
더 이상은 참을 수가 없다며
대문 밖에다 몰래 설치해 둔
헤파이스토스의 쇠 그물망*에 걸린 검은줄흰나비는
알몸으로 사지가 천장에 대롱대롱 매달리자
옆집에 사는 개불알꽃 풀 각시 아낙들은
고것 봐라 그것이 다 풍세들의 죗값이여
사늘한 이야기를 바람에 날리고
지나가던 갈고리밤나방은 영문도 모른 채
오매 성님은 뭣 땜세 그라고 있지라우
야 사랑하는 것이 뭔 큰 죄 된다냐
결국 오늘은 재판이 열리는 날이고
주임 판사는 왕거미라고 한다

* 마누라인 아프로디테가 외간 남자와 정사를 벌리다 대장이 신인 헤파이스토스가 쳐 놓은 눈에 보이지 않는 쇠 그물망에 걸려 갇혀 버렸다는 그리스신화 이야기임.

늙은 잣나무

— 버림받은 노인들을 보고

뿌리가 깊어
작년 태풍 때나
지난 장마에도 끄떡없이
당당하게

해마다 잣도 주렁주렁
눈망울 똘망똘망한 다람쥐들
주린 배 채워주고

촌놈들 용돈도 보태주어
장날이면 막걸리 잔도 마시고
흥타령도 불렀지

달밤이면 각시 도령들
잣나무 밑에 모여
총각은 젓대 불고 처녀는 노래 불러
힐~찌 항~지 춘향이처럼 사랑 터니

예고도 없이 백주 대낮에
밑둥아리까지 사정없이 베어 넘겨
잡혀 온 짐승처럼
개골창에 처박아 버렸소
베푼 것이 이리 죄가 될 줄이야

질경이

돌각담 아래 자갈밭에서
하찮은 풀포기로 자라
지지리 밟히고 깔아뭉개도
끈질긴 질경이 본질만은 변할 수 없어

낮은 곳에서 낮게 낮게
조그맣게 보금자리 잡고
꽃대궁이 세워 꽃피우며
조금치도 거리낌이 없는데

왜들 시쁘게 보는지
조금은 야속도 하고
서럽긴 하지만

순둥이처럼
세상 구석빼기에서 해가 저물도록
아픔도 슬픔도 혼자 삼키며

누가 왜 그렇게
사느냐고 물으면
질경이 팔자대로 산다고 하지요

밤송아리 서럽던 날

바지랑대가 뒤통수를 후려치고
아픈 비명 한마디로
아름 밤은 땅바닥에 벌겋게 눕고
잉태한 임산부처럼
아직은 산달도 안 된 밤송아리
구둣발로 짓밟아 뭉개고
마취제 주사 한 방 없이
강제로 가랭이 벌리고
제왕절개 수술시킨 후
튀어나온 알밤 같은 놈
맨질맨질 아들일까 딸일까
보육원으로 가지 않는 것만은 확실하지
근본 없는 놈이란 말은 듣지 않는다
더러는 조율이시* 반열에 올려지고
육신은 자궁이 파열된 채
아들딸까지 빼앗긴 분노로
가시를 세워 독침을 쏘려 노려보고 있다

* 대추, 밤, 배, 감, 제례 상에 올라가는 신토 과일 순서.

비에 젖은 낙엽

아침 안개가 무겁게 짓누르는
신도림 전철역 돌계단에
허름한 보따리 하나 껴안고
비에 젖은 낙엽처럼 납작 엎드려
서름서름한* 인파들 틈으로
그를 버리고 간 누구를 찾고 있는 듯
먼 산 바래기 같은 수리수리한* 눈빛이
간절한 울림으로 다가왔다
굵은 주름살을 얼굴 가득 새기고
불안한 자기 생을 깔고 앉아
샤방샤방 지난 잔상을 떠올리며
그도 풍성했던 한 시절이 있었기에
주렁주렁 매달린 열매들에게
젖몸살이 나도록 다 빨리고
허물어진 빈 껍데기 달랑 짊어지고
이제는 오고 가는 누구의
신발 밑창이라도 찰싹 달라붙어
더 이상 버림받지 않으려는 듯
어두운 그림자 하나가 맴돌고 있다

* 서름서름한 : 서먹서먹하다.
* 수리수리한 : 보이는 것이 희미하고 어렴풋하다.

꽃놀이 패

신대방 전철역으로 가는 뚝방길
겨우내 굶고 곪아 배고파하던 벚나무
힘이 빠져 한 발짝도 움직이지 못하자
지나가던 봄바람이 무슨 귀띔을 해주고
물을 퍼 올리며 벅작궁*을 떤 지 며칠 만에
그리도 성질이 급하여
옆에 있는 이파리에게도 알리지 않고
째듯 하니 시울*이 곱게도 피어
백차일 치듯 꽃대를 살랑살랑 흔들어
헤프게 헤벌쭉하게 웃으니
꽃놀이 패들이 패패이 몰려
너도 나도 얼굴 퍼 담느라 북새통
순간이 영원인 줄 알았는데
불과 열흘도 못 견디고
눈꽃이 되어 쏟아져 버리자
낙화는 낙화일 뿐이라며 따돌림당하고
배신당한 분노로 부글부글 상기된 버찌
새까마니 멍들어 핏물을 토하며
길바닥으로 우르르 투신하고
그 많던 꽃놀이 패들은 아예 못 본 체
몰인정하게 짓밟아
오장육부가 다 터져 처참하게 널브러졌다

어디선가 오월이 가는 소리 들리고
세상사에서 쓰디쓴 맛을 본 잎새들
씁쓸한 몸짓을 하며
그것 봐라 내 진작 그럴 줄 알았지

* 벅작궁 : 법석대는 모양.
* 시울 : 환하게 눈이 부신.

헌 우산 하나

긴 겨울 꼬리 자르고
여름 속으로 달려가는 길목에서
그동안 내가 돌봐 주지 않던 헌 우산 하나
녹슬어 휘어지고 노인처럼 늙어서
얇은 종이같이 바스락거리며 나를 읽고 있다

여름내 나 대신 비 맞고
볕 좋은 날 잘 말려 둘 생각을 하지 못해
때를 놓쳐 버리고
일순간 소낙비 내리자
길거리에서 비 맞은 군상들 속에 내가 있다

그래도 정신을 차리지 못해
그 헌 우산마저 이별이나 하듯 잃어버리고
찌뿌듯하던 하늘 아래 고달프게
또 비를 맞고 물에 빠진 생쥐 신세가 되었다

지금 민초들을 헌 우산 취급하듯 하는
공다리* 갈개발*이 같은 나리님들도
언젠가는 비를 흠뻑 맞는 몸이 될 것이라는
생뚱맞은 생각을 하며
오늘도 나는 비를 맞을 수밖에 없었다

* 공다리 : 권력을 휘둘러 백성을 괴롭히는 것.
* 갈개발 : 권세 있는 자에게 붙어 덩달아 세도를 부리는 사람.

청상의(靑裳衣) 여인들

뫼등에 삘기가 배동이 부풀고
수염 난 옥수수 배 자랑할 때
소소리패*거리들이 고아라 하는
꽃모자 눌러쓴 청상의(靑裳衣) 여인들
산에서 들에서 흐드러지게 피어
지나가는 바람처럼 슬며시 다가와서
나도 청포(靑袍)를 입고 마중을 하였다
다리깽이 튕겨지도록 쫓아다니며
한 시절이 가는 줄도 모르고
오랫동안 짭조름한 정분을 쌓았는데
심술궂은 장맛비가 퍼부어
해찰을 부리더니
어느새 먹장구름 사이로 비친 햇살이
배등거리 위로 따갑던 여름 가고
상글하던 바람이 스산하게 불어
흩어지며 나뒹구는 낙엽이
어쩐지 잊혀진 여인의
치맛자락 소리 같은 이 밤

* 아직 철이 덜 든 사내.

불타는 광야

아폴론의 불화살이 쏟아지는
후끈후끈한 대지에는
단비 한 방울 없어 목마르고
풀벌레도 쥐 죽은 듯 고요하다

여린 들풀이 축 늘어진 거리에는
불새들이 머리 위에다
불 칼을 쓰고 열기를 토해내니
아스팔트가 이글이글
중생들의 숨통을 조인다

애먼 민초들은
열바가지를 뒤집어쓰고
가슴 위에는 재가 쌓여
성난 얼굴이 굳은 화석 같은데
언제쯤 단비가 쏟아지나

서러웠던 지난날들이 전설이 되는 날
푸른 나뭇잎 사이로 새가 울고
산사에서 들려올
도량석 북소리를 그리며

소혹성으로 가는 길

언제부터인가
마천루 검은 땅덩어리가
제 몸값을 천정부지로 끌어올려
이젠 무서운 게 없는지 하늘을 찔러
쩍 벌어진 공간으로 찬 바람이 불어
약한 민초들은 독감 몸살에 걸렸다

다락같이 몸값이 치솟은 이놈들 때문에
살림살이가 거덜 난 민초들
땅도 놓치고 집도 놓치고
송곳 하나 꽂을 땅이 없어
우주를 향해 탄도미사일처럼 날아갔다

하늘에서 가장 아름다운 소혹성 B612호
어린 왕자*가 살던 작은 별
의자를 몇 발짝만 물러앉으면
태양도 보이고 별도 보이고
언제나 푸른 하늘을 바라볼 수 있는 곳
바오밥나무 그늘 아래 소르르 잠이 드는
꿈같은 대지 소혹성

* 생택쥐페리 소설의 주인공.

날파람

시방 꽃가지를 흔들고 있는
너는 누구냐
뒷감당도 하지 못하면서
뭣 하러 이 마음을 또 흔드나
꽃물에 젖어 있던 그날
빨대를 깊이 꽂아 단물만 빨아먹고
꽃등을 넘어 나비처럼 날아갔지

고적한 꽃 한 송이 꽃대를 세우던 밤
쓰리고 아픈 추억만 불러다 놓고
잡힐 듯 말 듯 잡지도 못한 채
모지락스럽게 돌아서서
소태처럼 쓰디쓴 웃음 짓고
햇살 속에 안개처럼 사라지더라

너는 장난삼아 흔들고 있지만
꽃가지는 무너져 내리고
꽃대궁이가 꺾어진 그 상처 자리에는
아직도 진액이 뽀얀데
이토록 고약하게 흔들어 대는
두억시니* 같은 너는 또 누구냐

* 못된 장난질을 치는 귀신.

청양고추

야트막한
언덕배기 초가집 고추밭엔
다홍치마 곱게 차려입은
꽃송이같이 예쁜 빨간 고추가
늙은 고추 대궁이 허리가 휘도록
줄레줄레 매달려 햇빛 아래 서 있다

새빨간 빛으로 유혹하는
그 속살 안에는
시어미같이 매운 고추씨를 감추고
파란 하늘빛이 그리운 양 실바람에 휘젓는다

달콤하게 생겼지만
씹으면 입 안이 얼얼 빈속을 발칵 뒤집으며
눈물이 쏙 빠지게 칼날같이 매운맛
시어머니 등쌀처럼 들들 볶아 댄다

지난 세월 시름에 찬 이야기 하나하나를
그 푸른 잎사귀에 감추고
언뜻언뜻 보이는 발그레하던 얼굴은
정열의 빨간색으로 뱉어내
초가지붕 위에서 도란도란거린다

풀꽃 만찬

혓바닥이 칼이 되고 못이 되어
따따부따 떠들썩한 시절
야비다리*같이 어벌쩡*한 짓으로
서로 몸을 베고 못질을 한다

가장 비루한 나는
거기를 벗어나 우거진 잡풀 속
푸른 하늘 푸른 구름 아래서
꿈을 꾸고 있는 그들을 만났다

내가 그토록 모질게 밟아 버린 민들레
함부로 꺾어 버린 하늘나리
벌레 같은 놈이라고 윽박질렀던 개미네
그러나 그들은 여전히 나를 반긴다

피로 맺은 형제도 아니고
혼인으로 맺은 사돈 간도 아닌데
지들끼리 물 한 모금도 나누어 마시고
흙무더기가 잘 차려진 고봉밥이었다

하비허비* 하며 헛되이 보낸 세월 삭이고
퍽이나 아름다운 풀들의 세상

척박한 자갈밭 한 줌의 흙 속에서도
풀들이 아름다운 꽃을 피우는 곳
나 여기서 살면 안 될까요

* 야비다리 : 겉만 겸손한 척하는 것.
* 어벌쩡 : 남을 속여 넘기려는 것.
* 하비허비 : 남의 결점을 헐뜯는 것.

문학세계대표작가선 499

풀꽃 만찬

윤명수 시집

인쇄 1판 1쇄 2007년 8월 23일
발행 1판 1쇄 2007년 8월 30일

지 은 이 : 윤명수
펴 낸 이 : 金天雨
펴 낸 곳 : 문학세계 출판부/도서출판 天雨
등 록 : 1992. 2. 15. 제1-1307호
주 소 : 서울시 성동구 행당1동 196-27번지 3F
전 화 : 02)2298-7661
팩 스 : 02)2298-7665
http://www.moonhaknet.com
E-mail : moonhak@moonhaknet.com

값 6,000원

ISBN 978-89-7954-345-2